AF242970

DISCOURS

PRONONCÉ

LE IX THERMIDOR,

Par CIT. BRUGIÈRE-BARANTE ;

PROCUREUR-SINDIC

Du District de THIERS.

Imprimé par ordre du Conseil-Général de la Commune de Thiers.

A THIERS,

Chez Michel BERNARD Imprimeur-Libraire,

Place du Pérou.

1795

Citoyens,

Dans ce jour consacré à célébrer la délivrance de notre patrie, et le retour de chacun de nous à la liberté, de quels souvenirs délicieux mon cœur se remplit! ce moment où le Sceptre de la proscription fut brisé, où les chefs de la tyrannie reçurent le prix de leurs crimes, fut aussi celui qui acheva de rompre mes chaînes, * qui rendit le repos à ma famille épouvantée, et à moi la jouissance de tous les biens de la nature et de l'amitié.

Ah! sans doute, en me chargeant de parler au-milieu de vous, de cette heureuse et immortelle Révolution du 9 Thermidor, vous avez voulu offrir à tous les yeux une image

---

* J'étais sorti de prison, environ quinze jours auparavant. Ma femme par une espèce de miracle, avait fait ordonner ma mise en liberté par le Comité de Sûreté Générale. A peine étais-je libre, lorsque j'appris que ceux à qui on avait arraché leur victime, réclamaient contre la surprise faite au Comité. ils attendaient Couthon, pour faire réparer l'erreur qui avait été comise.

A 2

frappante de ses bienfaits, et rendre plus sensible le contraste entre les tems qui précédèrent cette journée et ceux qu'elle nous a préparés. Peut-être aussi vous avez pensé, que celui qui éprouva de plus grands malheurs, qui fut menacé de plus de dangers, devait avoir un sentiment plus vif de reconnaissance : et vous avez voulu que les mouvemens de la nature supléassent en moi à la faiblesse du talent.

Que ne puis je faire passer dans votre ame, toute l'émotion qui remplit la mienne ! que ne puis je exprimer, comme je la sens, la conviction profonde que j'ai, que la France fut véritablement sauvée dans ce jour mémorable.

Oui, si l'on n'eut pas alors arrêté la course rapide et sans cesse accélérée de ce torrent qui depuis plus d'une année dévorait toutes les ressources de notre patrie, elle ne présenterait maintenant que des débris, et l'image de la destruction couvrirait seule tout ce vaste empire.

Ne me demandez donc pas quels biens nous à apportés la Révolution du 9 Thermidor ?

elle seule, a assuré notre vie à chaque instant menacée ; elle seule 'a conservé tous les biens dont nous jouissons encore. Si notre pensée est libre, si nous pouvons impunément être vertueux, si notre coeur s'ouvre encore au plaisir de plaindre l'infortune et de la soulager, s'il nous est permis d'aimer nos p res, nos enfans, nos femmes, de vivre pour eux et avec eux, si nous avouons tout haut les sentimens de la nature comme ceux de la justice, ce sont autant de bienfaits de cette heureuse révolution.

Sans doute, elle n'a pas ramené entièrement l'ordre et le bonheur public ; sans doute elle n'a pas rendu à tous les citoyens l'aisance et le repos. Eh! comment pourraient ils être déjà calmés, ces flots qu'un orage trop longtems prolongé avait soulevés si terriblement.

Je sais, que si la journée du 9 Thermidor nous a délivrés des maux les plus affreux, nous n'en avons pas reçu encore tous les biens que nous devons attendre d'un Gouvernement sage et d'une paix générale, Mais ce Gouverhement, mais cette paix si désirée, seront l'ouvrage et la conséquence de la Révolution que vous célébrez aujourd'hui ; car, avant le 9 Thermidor nous n'avions d'autre principe de Gouvernement que la volonté arbitraire de quelques scélérats ; et l'on ne pouvait prononcer le nom de paix sans mériter la mort.

Que les hommes qui regrettent les jours de la proscription, que ceux qui sont intéréssés à tourmenter le peuple par des agitations journalières, cherchent à reveiller le sentiment de nos souffrances actuelles, pour affaiblir l'horreur de nos maux passés et diminuer notre reconnaissance envers ceux qui nous en délivrèrent; que d'autres accoutumés à flatter ceux qui les écoutent, et à leur taire la vérité, s'efforcent de nous tromper sur notre situation ét de combler de fleurs l'intervalle qui nous sépare du port; pour moi également éloigné de ces excès, je vous dirai à quels périls nous avons échappé et quels biens nous avons reconquis depuis l'année dernière : mais je ne vous dissimulerai ni ce qui nous reste à souffrir, ni les dangers que nous courrions encore en nous écartant de la sagesse et de la justice. Hélas ! le succès des remèdes est bien plus lent que le progrès du mal ; et les suites terribles des ravages révolutionnaires ne peuvent être sitôt effacés.

Pour mesurer toute l'étendue des maux dont nous fumes délivrés, il est nécessaire de porter un instant nos regards sur les tems qui précédèrent le 9 Thermidor.

Si l'horreur de ce spectacle jette pour un instant dans vos coeurs un sentiment doulou- reux et pénible, la certitude que ces tems n'existent plus et qu'ils ne peuvent jamais renaître, vous rendra bientôt une satis- faction, pure et touchante. Ainsi, le voyageur échappé d'un naufrage rappele à sa mémoire la tempête dont il faillit être la victime : il s'en retrace toutes les circonstances, les dangers qu'il courut, l'effroi même dont il était saisi ; et ces souvenirs ne font qu'ajouter un nouveau charme, à la douceur et à la sécurité dont il jouit.

N'attendez pas cependant que j'expose ici avec détail cette tyrannie stupide et sanguinaire qui pesa pendant près de deux années sur la France avilie.

Laissons au pinceau vengeur de l'histoire ce tableau trop vaste et trop difficile, et contentons nous d'en présenter quelques traits.

Vous savez comment le berceau même de la République fut souillé de sang. C'est au-milieu d'une ville encore fumante des crimes du 2 septembre, que la Convention ouvrit ses séances.

Quelques hommes jaloux du tems avaient voulu agir sans lui. Au-lieu d'attendre du progrès des lumières et de la maturité de la raison publique les changemens qu'ils désiraient, ils avaient cherché à commander aux circonstances : ils avaient par des moyens violens et par une chaleur artificielle, prématuré, pour ainsi-dire, les fruits de la liberté. Bientôt ils devinrent eux mêmes les victimes de leur imprudence ; et l'incendie qu'ils avaient allumé menaça de les envelopper.

En conjurant pour la liberté, ils avaient appelé au soutien d'une si belle cause une foule d'hommes indignes de la défendre. Ils avaient pris pour auxiliaires et les assassins d'Avignon, et les brigands du midi, et tous les hommes sans biens et sans honneur, que leur position rendait avides de changemens.

Ils avaient enivré d'espérances mensongères le peuple de Paris, et avaient fait cause commune avec ses démagogues les plus impudens.

Ces iustrumens avec lesquels on avait renversé le trône, ne tardèrent pas à être employés par des mains perfides, à renverser toute morale publique, à éteindre tout sentiment de vertu et d'honnêteté, et à préparer à quelques tyrans féroces la plus exécrable domination.

Ceux qu'une passion trop ardente pour la liberté, ou le désir orgueilleux de mêler leur nom à une grande révolution, avaient engagés à se servir d'instrument aussi impurs et aussi dangereux, sentirent alors de quels périls, la liberté était menacée; devenus les ennemis les plus terribles de leurs anciens alliés, ils combattirent avec plus d'éloquence que d'adresse, l'anarchie et l'immoralité qui commençaient à se déborder sur toute la France.

Ils luttèrent ainsi pendant plus de six mois contre ce torrent, jusqu'à ce qu'il les eut engloutis eux mêmes.

Le 31 Mai laissa la justice et la liberté sans défenseurs. Tous ceux qui avoient plaidé pour elles avec quelque courage furent proscrits; et parmi les Répresentans vertueux, ceux qui echappèrent à la mort ou à l'exil furent condamnés *à etre témoins passifs de tous les forfaits, et à attendre l'instant où leurs Bourreaux viendraient ordonner leur suplice.* *

Le crime et l'audace n'eurent plus alors aucun frein.

Il n'exista plus aucun pouvoir avoué ou déterminé par la loi.

Toutes les horreurs furent légitimées par le seul nom de Révolutionnaire.

____

* Rapport de Boissy d'Anglas S. la Constitution.

La sureté, la propriété ne furent plus que de vains mots.

Tout ce qui portait l'empreinte de la vertu des talens et de la science devint la proie des tyrans. Environnés d'espions et de délateurs, nous n'osions ni parler, ni entendre. L'hospitalité, la compassion pour le malheur furent des titres de proscription : tout était devenu crime, excepté le crime lui même *

L'impudence et la dépravation etaient arrivées à cet excès, que l'on s'honorait de ce qui a toujours fait rougir tous les pays et tous les siecles.

Les principes politiques étaient aussi alterés que ceux de la morale. On osa proclamer, contre l'autorité de nos plus sages publicistes et contre l'expérience de tous les gouvernemens, que la terreur, ce principe certain et infaillible du despotisme, était nécessaire pour fonder la liberté ; et que c'est par le sang que les Républiques s'etablissent.

Ah ! c'est par le sang que Louis XI mit

* *Præter scelus, omnia crimen.*

les *rois hors de page*, c'est en faisant tout trembler, en immolant des milliers devictimes, en remplissant les Bastilles et les Châteaux forts, qu'il légua à ses sucesseurs une autorité despotique.

C'est en versant le sang, que Richelieu abaissa tout ce qui était en état de résister encore à la puissance ministerielle ou Royale.

C'est par le sang que Henry VIII reunit tous les pouvoirs et acquit une autorité sans limités.

C'est en inondant Rome du sang de tous les hommes vertueux et amis des lois de leur pays, que les auteurs des proscriptions préparèrent la chûte certaine de la République, et frayèrent un chemin facile à la tyrannie absurde et insolente des Empereurs. C'est sous Néron, c'est sous Domitien, c'est sous les monstres qui ont deshonoré même le despotisme, que s'est toujours montré l'avidité des suplices ..... Dans les beaux jours de la République, il était défendu de verser le sang d'aucun Citoyen.

Mais les maximes les plus évidentes, les

exemples les plus frapants accusaient envain nos dominateurs orgueilleux. Ils s'étaient placés dans un autre ordre, que les autres peuples de la terre ; ils avaient par la puissance de la parole et à l'aide de quelques aveugles proselytes, crée comme un monde nouveau, où les vérités éternelles avaient cessé de l'ê re.

Ah ! ils avaient bien raison de vouloir en chasser tous ceux qui n'étaient pas semblables à eux. Comment aurions nous pu entendre leur langage ! il fallait pour habiter avec eux, dépouiller toute bonté naturelle et toute justesse d'esprit. Il eut fallu même perdre, s'il était possible, la mémoire de toutes les connaissances acquises.

Telle fut la position de la France pendant plus d'une année. Les prisons étaient remplies ; le sang coulait de toutes parts sur les échafauds ; ce n'était pas seulement contre toute vertu, que l'on conspirait ouvertement et audacieusement ; c'était contre toute industrie, contre tout commerce, contre tout moyen de prospérité publique. Les propriétés étaient envahies

sans prétexte, l'agriculture était par-tout dé-
couragée les hommes et les choses étaient en
réquisition au gré de nos décemvirs et de
leurs agens les plus subalternes ; des taxes
Révolutionnaires étaient imposées arbitrairement
et exigées sous peine de mort.

On voulait faire disparaître jusqu'au nom
de nos cités les plus florissantes. Tous les
moyens de destruction étaient trop lents au
gré de ces vandales impitoyables : et si la
foudre divine avait armé leurs mains, ou si
leurs voeux impies avoient eu le tems de se
realiser, aucun des dons que la France reçut
de la nature et du tems n'existerait encore
aujourd'hui.

Il sera à jamais distingué de toutes les
epoques dont l'histoire nous à conservé le
souvenir, ce tems de la tyrannie ou l'on
travaillait sans relâche à *épurer* * une population de 25 millions d'hommes, pour
n'en laisser subsister que la moitié ; ou l'on
démolissait * les fortunes et l'on *nivelait* * les

*** Expressions tirée des rapports de Barrére

propriétés dans un espace de vingt mille lieues quarrées ; où le voeu du gouvernement était de détruire toutes les ressources du pays le plus beau et le plus civilisé , de renverser les villes , d'anéantir les manufactures et tous les monumens des sciences et des arts.

Mais un caractère qui distinguera surtout nos décemvirs de tous les autres tyrans, c'est d'avoir su lier tous les moyens d'oppression et de destruction dans un sistême suivi ; d'avoir par leurs institutions révolutionnaires et par le moyen de leurs sociétés affiliées tendu comme un filet qui couvrait la France entière, et d'avoir tellement universalisé la tyranie, qu'il n'existait personne d'assez grand ni d'assez faible pour y echapper ;

C'est d'avoir donné des regles et des lois à ce qui paraissait les exclure toutes, en organissant le désordre et l'anarchie sous le nom de Gouvernement révolutionnaire ;

C'est d'avoir su comme ils le disaient, *régulariser* * les orages ; et tandis que dans les

---

* expression neuve et ingénieuse de Barrere.

révolutions politques comme dans les crises de la nature, un hazard aveugle semble marquer les victimes, d'avoir pu choisir les leurs pendant toute une année.

Mais la providence qui veillait sur nos destinées permit que nos tyrans devinssent faibles par leur division. Jaloux l'un de l'autre, ils tournèrent contre eux, ces armes employées jusqu'alors uniquement pour nous détruire. En se disputant le pouvoir, ils perdirent leur force et nous fumes sauvés. *

Quel serait en effet le sort des bons citoyens, si les méchants demeuraient toujours unis ? si, apres avois appliqué le progrés de toutes les lumières à perfectionner l'art de faire le mal, la corruption de leur coeur ne laissait pas quelque ressource à la vertu persécutée ? si une jalousie soupçonneuse n'excitait pas

---

* Mais nos communs tyrans l'un de l'autre jaloux.

Armés pour nous détruire, ont combatu pour nous.

Ils ont perdu leur force, en disputant leur proie.

Tancr. Ac. Ier· Sc. Iers·

leur

leur défiance mutuelle, et les séparant enfin d'intérêts, ne les livrait pas isolés et affaiblis aux coups de la justice.

Chacun était las depuis longtems de la tyrannie : chacun s'indignait d'être assez patient pour la souffrir. La mesure était comblée, mais personne ne voyait encore combien il était facile d'abattre les tyrans, en les attaquant séparément. Personne n'osait depouiller Robespierre de cet appareil trompeur de puissance, de cette renommée gigantesque qui l'entourait et semblait le proteger. Personne n'osait arriver jusqu'à lui pour le voir tel qu'il était ; faible, sans amis, presque sans complices depuis que les plus redoutables d'entre eux desiraient sa perte ; tremblant à tout moment et pour sa vie et pour un pouvoir qu'il ne pouvait plus conserver. Il fallut un observateur habile et profond pour voir toutes ces circonstances : il fallut du courage et surtout de la dextérité pour les saisir et les mettre à profit.

Un homme se trouva qui osa porter le premier coup ; et le neuf Thermidor vit tomber le plus

B

puissant de nos tyrans et quelques uns des compagnons de ses crimes. Plusieurs de ses collegues concoururent alors à notre victoire, et preparèrent, sans le savoir, le châtiment inévitable qui les attendait tous. Aveugles qu'ils étaient ! ils pensèrent sans doute que la nation française opprimée pendant leur règne sanglant, avait perdu toute énergie, et que le droit de nous tenir sous le joug était comme une succession que la mort de Robespierre devait ouvrir à leur profit.

Mais leurs voeux ont été trompés ; et la révolution du neuf Thermidor ne profitera qu'au peuple et non à ses opresseurs.

Déja les assasinats du Tribunal révolutionnaire ont cessé, et ses juges attendent dans les prisons la vengeance des lois : déja les Bastilles dont Paris était hérissé ont rendu à la Société les peres de famille, les patriotes, les hommes vertueux qu'on avait destinés à la mort. La raison commence à se faire entendre au sein de la Convention. Des mesures sages sont décretées pour ranimer le commerce et l'industrie,

pour regler et contenir les pouvoirs révolutionnaires, en attendant qu'on les anéantisse : les
Sociétés de Jacobins qui avoient usurpé la
souveraineté du peuple, qui renfermaient en
elles tous les germes de desordre et tous les
moyens de desorganisation sociale, sont rame-
nées à l'impuissance de nuire, et bientôt elles
cessent d'exister.

La liberté de la presse, et l'inviolabilité
des lettres laissent à la pensée le moyen
de se produire ; l'opinion à cessé d'être
asservie ; et les lumières circulent et se com-
muniquent. Les impressions de la terreur s'effaçent.
Partout la confiance renaît, les prisons s'ouvrent
et les victimes de la suspicion sont rendues
à la liberté : la crainte des suplices n'est plus que
dans l'ame de ceux qui préparaient le notre.

L'agriculteur et le négotiant ne sont plus
pillés, incarcerés ruinés au nom de la Loi du
maximum ou en vertu des requisitions.

L'outrage fait au peuple en privant ses
mandataires de l'exercice de leur droit est

enfin réparé ; et les Représentans proscrits sont rappelés à leur poste.

Les dépouilles sanglantes des citoyens assassinés sur l'echafaud, ne souillent plus la fortune publique.

La religion n'est plus appelée fanatisme, et le législateur à cessé de se placer entre Dieu et notre conscience. La loi en nous commandant de ne troubler ni le culte ni les opinions des autres , nous assure l'exercice libre et paisible de la religion qui nous semble la meilleure.

Une constitution informe nous avait été offerte par les tyrans, l'ignorance et la méchanceté la tracerent; la terreur en commanda l'acceptation; des brigands forcenés en demandaient l'execution à grands cris. La Convention a déjà repoussé cet ouvrage d'anarchie où aucun des droits du peuple n'est garanti, que celui de la révolte ; et elle s'occupe à le remplacer par de loix sagement méditées.

En opposant ce qui a été fait depuis le 9 Thermidor, à la peinture des horreurs commises auparavant, j'ai sans doute eveillé dans vos coeurs le sentiment le plus vif en faveur de cette révolution.

Eh ! qui pourrait en méconnaître les bien-faits ?

Vous qui gémissiez dans les fers, vous qui dépouillés de toute propriété, abreuvés de tous les opprobres, noircis de toutes les calomnies, attendiez la mort dans le silence des cachots ; vous qui en mourant ne pouviez léguer à vos femmes et à vos enfans que l'in-digence et le malheur, qui les laissiez après vous chargés de la haine et des persécutions attachées à votre nom et à tout ce qui vous appartenait ; bénissez avec moi le jour qui vous a arrachés à cette situation déplorable ; que vos parens, que vos amis, que tous vos concitoyens à qui vous futes rendus, unissent leurs voix à la notre.

Et vous, que le gouffre des prisons n'avait pas encore engloutis, mais qu'il semblait at-tendre et menacer à chaque instant, vous à qui il était interdit de parler ou d'écrire, qui ne pouviez exprimer de sentimens que ceux qu'on vous commandait, qui ne pouviez vous plaindre, sans qu'on tint régistre, même de vos soupirs, vous qui ne connaissiez plus les épanchemens de l'amitié, et qui trembliez sans cesse devant de farouches inquisiteurs, ah ! vous fûtes aussi malheureux que nous : et lorsque, délivrés des tourmens de l'inquiétude et de la terreur, vous comparez votre situation présente à celle des temps passés, pouvez-vous ne pas vous regarder comme affranchis, autant que nous mêmes, par cette heureuse journnée dont nous célébrons le souvenir ?

Vous mêmes dont on affectait faussement de chérir et de ménager les intérêts, vous qui composez la classe utile et laborieuse de l'état, n'étiez vous pas soumis au régime affreux de la tyrannie ? votre industrie n'était elle pas étouffée ? aviez vous la disposition des fruits de votre travail ? pouviez-vous cultiver, vendre, acheter, librement ? n'étiez-vous pas aussi menacés de la prison et de la mort ? plusieurs d'entre-vous n'ont ils pas été sans forme comme sans motifs, arrachés, sous vos yeux, à leurs ateliers, et traités comme des criminels ? ne trembliez-vous pas à chaque instant devant nos lois de sang, et sur-tout devant les hommes qui avaient le pouvoir de les exécuter arbitrairement ? Pouviez-vous contempler sans effroi nos prisons pleines de cultivateurs irréprochables, traités de conspirateurs, pour avoir montré de l'attachement à leur culte, ou pour avoir déplu à quelque praticien de leur village.

Quel sentiment excitait en vous la lecture de ces journaux, qui vous apprenaient chaque jours, que la faulx infatigable des tribunaux révolutionnaires moissonnait indistinctement les Citoyens de toutes les classes et de tous les états ?

Ah! vous aussi, vous avez été délivrés de la tyrannie.

Les Agens eux-mêmes de nos dominateurs, ceux qui exécutèrent les maux que nous souffrimes, doivent des actions de graces à la Révolution du 9 Thermidor.

Sans doute, il en est plusieurs qui éprouvèrent

des regrets en faisant des malheureux. L'habitude de leurs fonctions cruelles n'avait peut-être pas entièrement désseché leur coeur. Non : ils n'avoient pas tous fermé leur ame à la pitié ; les cris de leurs concitoyens mourans, la vue de leur patrie baignée dans le sang pouvaient encore les émouvoir. Entrainés par la force des circonstances, obeissant à l'ambition ou à la crainte, ils avaient accepté un pouvoir funeste , lorsque personne n'avait encore mesuré l'etendue des maux dont ils devaient être les instrumens : mais j'aime à croire qu'ils virent avec joie cette autorité terrible s'anéantir entre leurs mains, dans un moment où il ne leur était plus permis d'en arrêter ni d'en modérer l'usage.

Oui je voudrais pouvoir dire de tous , ce que j'affirme de l'un d'entr'eux. Il pensait, il me disait avec sincérité , qu'il valait encore mieux souffrir le mal , que de le faire. Les tourmens qu'il avait endurés , en participant à des rigueurs injustes ou en cherchant inutilement à les empécher , furent peut-être aussi pénibles pour lui que ceux de la captivité ; et j'ai vu son coeur aussi soulagé que le mien, au premier instant où la justice remplaça la terreur.

Que s'ils n'ont pas tous été aussi sensibles au bonheur de n'être plus contraints de faire le mal, si la domination qui a tant de charmes pour tous les hommes, plaisait à quelques uns d'eux au prix même de l'honneur de la vertu et de tout sentiment d'humanité ; qu'ils contemplent l'abyme qui était ouvert devant eux, et ils remercieront la main qui l'a fermé. Qu'ils lisent les papiers trouvés sous les scélés de Robespierre, et qu'ils disent si ses projets ne les envelopaient pas eux-mêmes ; qu'ils regardent la marche suivie pendant les derniers mois de la tyrannie, et cette foule de fonctionnaires immolés comme *hébertistes*, et cette guerre faite aux patriotes trop ardents, et cette facilité à reçevoir toutes les accusations contre les comités Révolutionnaires *. Qu'ils apprennent que

---

Les plaintes des *Patriotes* contre les persécutions de Robespierre et compagnie remplissent toutes les séances des Jacobin , après le 9 Thermidor. Ce jour avait ouvert les

raremeut les tyrans laissent subsister les instrumens de leur fureur, parceque la tyrannie
est, de sa nature inquiète et soupçonneuse etqu'elle
a besoin d'éffrayer, par des exemples terribles les
ministres de sa cruauté, de peur qu'ils n'acquièrent
trop d'importance. Semblables à ce favori d'un
tyran de Sicile, au-milieu de cette autorité
qu'ils avaient tant souhaitée, au sein de toutes
leurs jouissances, les agens des décemvirs avaient
un glaive suspendu sur leur tête, et ce glaive
n'était attaché qu'à un cheveu.

Ils furent donc sauvés, comme nous, ceux
qui égarés par les passions, cedant le plus
souvent à une impulsion étrangère et à la
force des évènemens, trouvent maintenant
dans ceux qu'ils persécutèrent, l'oubli de toutes

---

prisons, à un grand nombre d'entr'eux. Dans
plusieurs Départemens et principalement dans
celui de la Sarthe, presque tous les membres
des Comités étaient alors en arrestation. Ceux
du Comité d'Orléans étaient en jugement ; et
la hache de Fouquier était déjà levée sur leur
tête. leurs Collègues de Thiers qui ont eu
plus d'une occasion de correspondre avec
eux et de les bien connaître, savent cependant
que c'étaient d'excellens *révolutionnaires* de
vrais et *purs* montagnards.

les injures et goûtent une sécurité qu'ils ne pouvaient avoir, en faisant le mal. Ceux-là seuls qui versèrent le sang avec délices, qui appelèrent la destruction sur leur pays, et la mort sur leurs concitoyens, ne doivent point partager les transports que nous ressentons aujourd'hui. Non : ils ne furent point délivrés, en même temps que tous les citoyens. Une justice inévitable les atteindra tôt ou tard, et le jour qui détrôna leurs patrons les a marqués d'avance pour le suplice.

Mais vous, qu'un intérêt commun réunit ici, quelque différens que fussent auparavant vos intérêts ou vos opinions, vos rélations ou votre fortune, qu'une commune joie vous anime tous ; c'est la délivrance de tous, que nous célébrons : c'est le salut de notre patrie, de nous-mêmes, de tout ce qui nous est cher, dont nous consacrons le souvenir.

J'ai parlé jusqu'ici des maux qui déchirèrent la France, des périls auxquels elle a échappé le 9 Thermidor, et des changemens heureux opérés depuis cette époque.

Mais par un malheur inséparable de l'humanité, il faut beaucoup d'années pour réparer ce qu'un instant peut détruire Il faut beaucoup de sagesse et de ménagemens, pour guérir les blessures que nous font quelques momens d'imprudence et de folie.

Je ne veux point cependant étaler ici les pertes qu'a causées à la France l'obstination de nos tyrans, à reculer l'époque si désirable de la paix. Je ne dirai rien de nos braves légions épuisées par leurs victoires même, enlevées aux travaux des arts et de l'agriculture, laissant pour longtems un vuide immense dans notre population : je ne vous parlerai pas de notre marine presque anéantie par leur ig-norance, de nos ressources commerciales dévorées sans profit par leurs agens ; de nos monumens renversés, de nos cités presque détruites : le téms et la paix repareront tous ces maux. la nature si féconde et si vigoureuse n'a besoin que d'être aidée par l'influence d'un bon gouvernement, pour reproduire tout ce que nous avons perdu. Je ne dirai rien ni du génie étouffé, ni de l'amour des lettres, éteint et découragé : ils se ranimeront sans doute par les institutions qu'on nous prépare. Je ne veux pas même parler de la perte vraiement irréparable , de cette foule d'hommes instruits, vertueux et éloquens, tombés sous la hache révolutionnaire. Je ne veux pas déplorer avec vous l'assassinat de quelques uns dont la place demeurera vuide, pendant un siècle entier. *

Détournons nos yeux des playes faites à la patrie, osons espérer que le tems les refermera. Mais hâtons-nous d'écarter les germes funestes que la tyrannie a déposés au-milieu de nous, et qui retardent, non seulement la guérison de nos maux passés, mais nous en préparent de nouveaux.

Le sentiment d'une grande injustice et

---

*Cœsæ sunt légiones, et protinùs scripté; fracta classis, et natavit nova. Sævitum est opera publica, et résurgunt méliora con-sumptis. totâ vitâ , *Agrippae* et *Mecaenalis* vacavit locus. Sénec. de Benef. L. 6.

Vertueux *Malsherbes*, nous ne verrons jamais ta place remplie! . . . .

l'épreuve des longs malheurs, aigrissent souvent les esprits les plus doux. Il n'appartient qu'aux hommes vraiment magnanimes de perdre le desir de la vengeance, aussitôt qu'ils en ont acquis le pouvoir. Une des suites nécessaires de la persécution, une des conséquences des atrocités commises devait donc être la disposition d'un grand nombre de personnes à désirer d'être vengées. La vue du crime impuni a fait frissonner d'horreur celui qui regrettait son pere, son épouse et tout ce que le crime lui avait enlevé. Mais, ce desir si naturel est devenu ensuite un mouvement désordonné, lorsqu'il a porté quelques hommes à s'armer eux mêmes contre les coupables. Car, celui qui veut être vengé autrement que par les lois, trouble l'ordre et détruit le Gouvernement.

Tandis que dans l'état nouveau où nous a placés la Révolution du 9 Thermidor, l'ardeur de la vengeance affaiblissait l'obéissance aux lois, la crainte de ces vengeances mêmes, la vue toujours présente à leur conscience du mal qu'ils ont fait, et du suplice qu'ils ont mérité, a rendu tous les grands coupables ennemis nécessaires des lois et du gouvernement. C'est au-milieu des désordres, qu'ils ont espéré de se sauver. S'ils périssent, il veulent être enveloppés dans une ruine commune, et écraser leurs ennemis avec eux-mêmes sous les débris de leur pays. Ils ont appelé à l'exécution de leurs projets criminels, les hommes faibles ou égarés qui dans les jours de la terreur avaient partagé leurs opinions, ou avaient par leur conduite mérité quelques reproches. Ils les ont effrayé sur l'avenir : il ont rechauffé les haines : ils ont renouvellé les proscriptions contre tous ceux qui avaient été persécutés, et n'ont cessé de les présenter comme les ennemis les plus dangereux de la liberté. Ainsi des ruines de la tyrannie, sont nés des fermens de discorde : ainsi l'action des lois s'est trouvée moins puissante, et la France a encore couru des dangers.

C'est à ces principes différens, c'est peut-être encore plus au soin qu'ont pris quelques hommes de les rendre plus actifs et plus envenimés , que nous devons ces agitations qui désolent notre patrie , et retardent l'établissement d'un Gouvernement.

Il est bien doux pour nous de pouvoir dire que notre Département a été étranger à ces mouvemens ; qu'il n'a été troublé par aucun acte de vengeance personnelle , et n'a pris aucune part aux derniers attentats des *Jacobins* , à ces scènes exécrables du premier Prairial , dont le contre-coup a été senti en tant d'autres lieux. Mais les mêmes causes qui ont produit ailleurs des effets funestes existent ici , quoiqu'avec moins d'activité. La contagion pourrait les développer. Veillons donc sur nous mêmes , étouffons les semences empoisonnées, que les tyrans ont jettés parmi-nous. Abjurons le sentiment pénible de la haine et renonçons à toute vengeance. Songeons que sans la paix, sans un Gouvernement fixe, tous les bienfaits du 9 Thermidor ne sont qu'une illusion cruelle ; que notre perte aura été retardée , mais n'en sera pas moins infaillible.

Songeons que nos passions et nos folies

en

en troublant l'ordre public, en favorisant la malveillance, détruisent l'espoir de la paix et d'un gouvernement sage et stable.

Ramenons à nous par l'image touchante de la concorde et par l'oubli généreux de nos malheurs, ceux qui, si nous les repoussions, deviendraient ennemis irreconciliables de nous, et de l'ordre public dont nous avons un si grand besoin

Prenons garde surtout que nos fatales discordes ne livrent notre pays à nos ennemis communs.

Un autre germe funeste de divisions et de malheurs nous a été laissé par les tyrans; c'est eux qui ont préparé la disette qui nous afflige, et cette cherté si excessive qui a rompu toute proportion entre les facultés de la plupart des citoyens et les objets de consommation; c'est leur despotisme absurde qui pour la jouissance d'un jour, à tari la réproduction de plusieurs années, et qui suivant l'image si grande et si vraie de Montesquieu, à coupé l'arbre pour cueillir plus facilement les fruits.

C

C'est en expropriant les citoyens, en tour-
mentant les cultivateurs, en gênant tous les
moyens de commerce et de communication ,
qu'ils ont diminué nos ressources agricoles. Mais
laissons là leurs fautes, et nos reproches inutiles.

J'ai une tâche plus consolante à remplir.
J'ai à vous parler au nom de vos magistrats
de leur sollicitude sur nos besoins communs ;
j'ai à vous annoncer les mesures dont ils
s'occupent pour assurer nos subsistances ,
et prévenir le fleau terrible de ·la disette.

Des circonstances particulières se joignent
aux causes générales pour rendre , dans cette
Commune infortunée , ler resources plus dif-
ficiles et plus dis proportionnées à nos besoins.

Mais , n'en doutez pas , citoyens , des
achats de grains seront faits ; et l'on
prendra tous les moyens possibles pour que
le service de nos marchés ne soit jamais en
souffrance, pour que le pauvre puisse atteindre
avec ses salaires, le prix de sa subsistance. Les
fonds qu'exigent ces achats ne peuvent être four-
nis que par un emprunt; et cet emprunt sera bientôt ouvert dans les formes déterminées par la loi.

Ce n'est pas là que se bornent les soins de vos officiers Municipaux. La position de cette commune située daus un sol infertile, et qui depuis l'annéantissement de son commerce ne peut suppléer aux ressources de la nature par les produits de l'industrie, sera presentée avec energie à la Convention Nationale; des secours seront demandés pour cette population précieuse d'ouvriers, sur qui le malheur des tems pèse plus que sur tous les autres.

Mais une ressource que nous trouverons en nous-mêmes et que nous ne devons pas négliger, c'est la compassion accordée au malheur et à l'indigence, par tous ceux qui ont une plus grande étendue de *moyens*. Que l'homme orgueilleux se croie bienfaisant lorsqu'il appele ses frères souffrans au partage de son superflu, l'homme bon et compatissant sait qu'en remplissant ce devoir, il ne fait qu'accomplir celui de la justice. O vous qu'un hazard heureux ou les fruits de l'industrie ont rendu plus riches que vos frères, vous auxquels est permis le plaisir si doux, de soulager l'infortune, vous ne balancerez pas à joindre vos dons aux fonds de l'emprunt qui va s'ouvrir.

C'est en se mêlant, en se réunissant ensemble, que les citoyens apprennent à s'aimer, et à s'aider réciproquement, et que par là ils deviennent meilleurs.

Non il ne sera pas perdu pour le bonheur commun, ce jour qui nous à rassemblés.

Dans les fêtes que les tyrans faisaient célébrer, ils offraient à vos yeux des statues ; et trompaient le malheur public, par un vain appareil. Mais nous, nous ne vous présentons d'autre spectacle que notre union fraternele. Ils taisoient la vérité, et je vous l'ai dite toute entière : ils vous prêchaient la haine, et nous vous recommandons l'amour mutuel et la douce fraternité, qui rendra nos maux plus legers en mettant en commun toutes nos ressources. Autrefois, lorsque cédant à cette douce impulsion de la nature, vous cherchiez à vous réunir dans des banquets fraternels, soudain nos tyrans appellaient la défiance autour de vous;

ils voulaient vous faire ajourner * le besoin d'être sensibles, jusqu'à ce que la population fut épurée. Ah! nous n'ajournerons jamais, nous chercherons au contraire à hâter , à développer ces mouvemens qui nous rapprochent tous, et au-milieu desquels les haines s'éteindront, et l'ordre se rétablira.

Que ce jour donc consacre entre nous l'union la plus intime et la plus fraternelle. Et si le 9 Thermidor fut l'année dernière le jour de la délivrance, que celui ci soit le jour de la reconciliation, et de la fraternité.

* V. le rapport de Barrére sur les repas fraternels , en Messidor an 2e.

FIN.

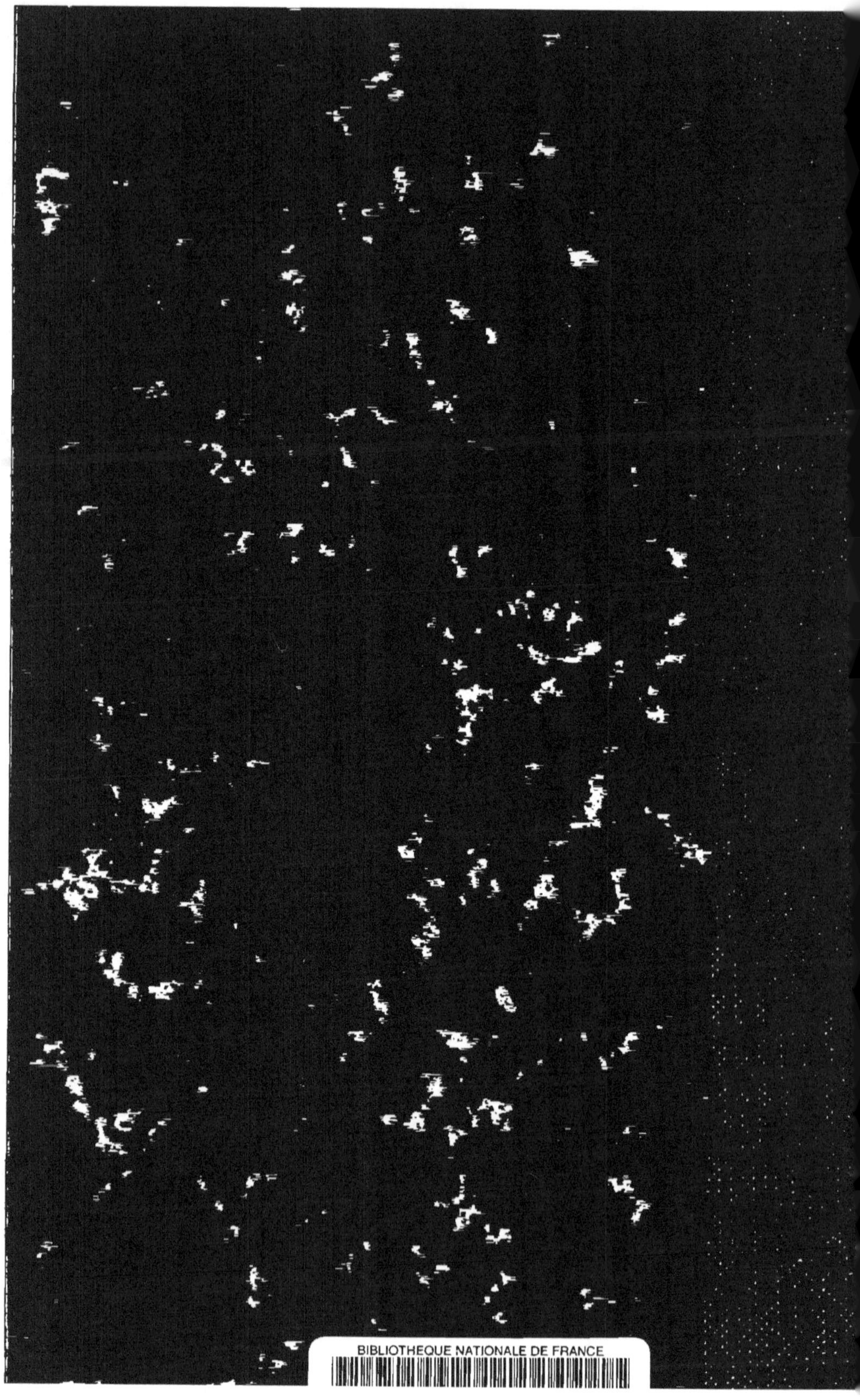